Épreuve

ABÉCÉDAIRE VOCAL

MÉTHODE PRÉPARATOIRE DE CHANT

POUR APPRENDRE A ÉMETTRE ET A POSER LA VOIX

ET A VOCALISER

PAR

H. PANOFKA

Auteur de l'Art de chanter

PARIS

G. BRANDUS ET S. DUFOUR, ÉDITEURS

RUE RICHELIEU, 103

Propriété pour l'Allemagne et la Suisse.
Rieter-Biedermann à Winterthur.

Angleterre.	Espagne.	Belgique.	Sardaigne.	Hollande.
Ent. Sta. Hall.	Déposé.	Déposé.	Déposé.	Déposé.

V

ABÉCÉDAIRE VOCAL

MÉTHODE PRÉPARATOIRE DE CHANT

Paris. — Imprimerie de L. MARTINET, rue Mignon, 2.

ABÉCÉDAIRE VOCAL

MÉTHODE PRÉPARATOIRE DE CHANT

POUR APPRENDRE A ÉMETTRE ET A POSER LA VOIX

ET A VOCALISER

PAR

H. PANOFKA

Auteur de l'*Art de chanter*

PARIS

G. BRANDUS ET S. DUFOUR, ÉDITEURS

RUE RICHELIEU, 103

Propriété pour l'Allemagne et la Suisse.

Rieter-Biedermann à Winterthur.

Angleterre.	Espagne.	Belgique.	Sardaigne.	Hollande.
Ent. Sta. Hall.	Déposé.	Déposé.	Déposé.	Déposé.

Droit de traduction et de reproduction réservés.

1858

TABLE DES MATIÈRES.

AVANT-PROPOS. 7

I. — De la manière d'ouvrir la bouche, et de la respiration. 11

II. — Classification des voix d'enfants 12

III. — De l'émission de la voix. 13

   PREMIÈRE LEÇON. — Règles pour l'émission du son 14

   DEUXIÈME LEÇON. — Exercices d'agilité. Exercice de trois notes. . . . 15

   TROISIÈME LEÇON. — Exercice de cinq notes. 16

   QUATRIÈME LEÇON. — La gamme majeure. 17

   CINQUIÈME LEÇON. — Exercice de trois gammes majeures. 17

   SIXIÈME LEÇON. — La gamme mineure 18

   SEPTIÈME LEÇON. — Exercice dépassant l'octave. 18

   HUITIÈME LEÇON. — Les arpéges 18

   NEUVIÈME LEÇON. — Le port de voix. En quintes 19

   —   —   —   —   En octaves 19

   —   —   —   —   En accords brisés 19

   DIXIÈME LEÇON. — Filer des sons 19

IV. — Des vocalises. 20

V. — Des nuances 20

AVANT-PROPOS.

L'étude du solfége est la base de toute éducation musicale en France.

Si la pratique du solfége est utile aux musiciens instrumentistes et à ceux qui se destinent à la composition, elle est, on ne saurait en disconvenir, très dangereuse pour les élèves qui possèdent une belle voix et désirent se livrer à l'étude du chant. En effet, par l'action du solfége, on s'écarte des règles qui tendent à développer et à conserver la voix.

On se trompe quand on considère la voix chez les enfants comme un instrument tout fait et avec lequel on peut sans danger exécuter de la musique de tous les caractères.

La voix a besoin d'être faite en la préparant de telle sorte qu'on puisse, sans crainte de la détériorer, chanter sur les syllabes *do, ré, mi, fa*, etc., ce qui constitue le solfége.

Il ne faut donc pas, quand on se prépare à devenir chanteur, commencer son éducation musicale par le solfége, mais bien par une sorte d'étude vocale préparatoire qui, logiquement, doit conduire à l'étude de l'intonation par le nom de la note, en d'autres termes à l'étude du solfége; mais il n'existe aucune méthode de ce genre.

Cette lacune importante dans l'enseignement, nous venons la combler aujourd'hui.

Les enfants, quand ils solfient sans avoir appris à émettre et à poser la voix, concentrent toute leur attention dans l'étude de l'intonation et ne se préoccupent nullement du son en lui-même et de la manière de le former. Or qui ne sait que le moindre mouvement de la bouche, de la langue, des cavités nasales, des joues et des dents même, a pour effet de changer le timbre de la voix?

Qu'est-ce que chanter sur DO? — C'est poser la langue *sur* les dents.

Qu'est-ce que chanter sur RÉ? — C'est lever la langue.

Et sur MI? — Fermer la bouche avant d'émettre la note.

Et sur FA? — Ouvrir la bouche seulement après avoir nui à l'émission de la voix par la prononciation de l'*f*.

Et sur SOL, LA, SI? — Forcer la langue à se mouvoir en tous les sens.

Sur chacune de ces syllabes, l'élève inexpérimenté, en suivant les seuls effets naturels du mécanisme vocal, modifiera sans raison le timbre de la voix et contractera ainsi des vices qu'il sera bien difficile, sinon impossible, de corriger plus tard.

Et lorsque après la mue les élèves qui ont pris l'habitude des mouvements ondulatoires de la langue abordent l'étude vocale proprement dite, on s'étonne que chez eux l'émission des notes élevées surtout devienne pénible (impossible même), et que la voix se fausse, se fatigue et se perde?

Rien pourtant n'est plus facile à expliquer. Les enfants d'une classe de solfège sous la direction d'un seul professeur, *qui ne peut se préoccuper que de l'intonation*, chantent nécessairement sans principe aucun en ce qui concerne la beauté du son et l'émission de la voix. Les uns ouvrent la bouche outre mesure, les autres ne l'ouvrent pas assez; ceux-ci chantent du nez, ceux-là de la gorge, etc.

Nous ne voulons pas nous étendre plus longuement sur ce défaut de
principes.

Ces quelques lignes suffiront, nous l'espérons du moins, pour démon-
trer que cette manière d'enseigner les éléments du chant avant la mue
est la véritable cause de la perte de tant de voix, du mauvais timbre et
de la faiblesse des organes respiratoires chez beaucoup de chanteurs.

Persuadé que tout enseignement élémentaire doit se résumer en un
petit nombre de principes clairs, précis, accessibles à toutes les intelli-
gences, j'ai rédigé en quelques pages cette *Méthode préparatoire de
chant* à l'usage de toutes les personnes qui veulent mettre leur voix
à l'abri des inconvénients graves du solfége, quand il n'est précédé
d'aucune autre étude vocale.

H. Panofka.

Paris, octobre 1858.

ABÉCÉDAIRE VOCAL

MÉTHODE PRÉPARATOIRE DE CHANT

I

DE LA MANIÈRE D'OUVRIR LA BOUCHE, ET DE LA RESPIRATION.

Tout individu a reçu de la nature un timbre de voix ou clair, ou doux, ou sombre, ou sourd, ou guttural ou nasal. Les timbres clairs, doux et sombres, appartiennent seuls aux voix saines; le timbre sourd, guttural ou nasal est l'indice d'une voix défectueuse, mais il est possible de remédier à ces différents défauts.

Ce qui donne au timbre une variété infinie, ce sont les mouvements de la bouche, de la langue et de toutes les parties intérieures de la bouche qui concourent à la production du son; il faut donc, dès le commencement de l'étude vocale, porter l'attention sur la *beauté* du son.

Le chanteur dirige sa voix par sa volonté et son intelligence. S'il n'a pas le sentiment du beau, il est clair qu'il n'atteindra pas un but satisfaisant; car si le hasard est un grand maître, d'après le proverbe, ce maître n'a jamais été professeur de chant.

La respiration, qui varie selon la vigueur des poumons, est susceptible de développement.

Il faut donc au commencement ne faire chanter à l'élève sur une seule respiration qu'autant de notes qu'il pourra en émettre sans fatigue. Peu à peu il chantera de lui-même un plus grand nombre de notes d'une seule haleine. Dans tous les cas, il faut se garder d'aucun effort. Ce qui n'est pas moins important, c'est d'habituer l'élève à respirer sans bruit, sans hoquets ni soupirs, de même que sans mouvement de poitrine ou d'épaules, et surtout à n'aspirer pour chaque exercice qu'une moyenne quantité d'air.

II

CLASSIFICATION DES VOIX D'ENFANTS.

Les voix d'enfants (garçons ou filles) sont ou *soprani* ou *contralti*.

Les *soprani* ne peuvent jamais attaquer avec sonorité une note plus basse que l'*ut* (au-dessous des lignes); ils montent ordinairement jusqu'au *fa* (sur la 5e ligne), mais souvent la voix s'étend jusqu'au *sol*, au *la* et même au *si*.

Dans l'intérêt de la conservation de la voix et de la santé des enfants, les professeurs ne doivent jamais faire chanter des notes plus élevées que le *fa*, à moins que l'émission de ces notes ne puisse se faire sans effort.

Les *contralti* seuls ont deux registres : le premier (du *la* au *fa* ou au *sol*) renferme des notes pleines, tandis qu'à partir du *fa* au *mi* (au-dessus de la 4e ligne) les notes ont plus de grâce que de force.

Il est à remarquer que chez les enfants les notes du second registre ne diffèrent pas, pour l'intensité, de celles du premier registre autant que chez les adultes; en se bornant à faire vocaliser les contralti dans un mouvement moins vif que ne peuvent le faire les soprani, on parviendra naturellement à unir ces deux registres.

Le timbre de la voix des garçons change après la mue presque entièrement, et bien souvent le *soprano* devient *baryton* et le *contralto* se transforme en *ténor*.

Il faut donc pour l'éducation vocale des garçons une extrême prudence.

La voix des jeunes filles ne subit pas une transformation aussi complète. Ces dernières voix conservent généralement leur caractère après la mue; mais elles gagnent en puissance et en sonorité.

Ce que je ne puis trop recommander, c'est de cesser toute étude vocale *pendant* la mue.

III

DE L'ÉMISSION DE LA VOIX.

Pour qu'un son soit beau, il faut qu'il sorte *pur, clair* et *sonore*.

La *pureté* s'obtient par l'attaque nette et franche de la note avec un petit coup de glotte (¹), moyen infaillible d'arriver à une intonation parfaitement juste; la *clarté*, par l'émission sur la voyelle **A**, et la *sonorité* par l'ouverture convenable de la bouche. Que le professeur veille donc dès la première leçon à la beauté du son.

(¹) Le coup de glotte, dont l'effet ressemble à la prononciation très énergique du *p*, s'acquiert facilement par imitation. Il faut donc que le professeur attaque chaque note avant l'élève, comme nous l'indiquons dans l'exercice nᵒ 1.

PREMIÈRE LEÇON.

Règles pour l'émission du son ([1]).

Voyez cahier d'exercices, n° 1.

Pour produire un joli son, il faut ouvrir la bouche naturellement et sans effort, afin que la voix puisse sortir sans obstacle ; il faut ensuite bien se pénétrer de la juste intonation de la note, et l'attaquer franchement sur la voyelle A ([2]) avec un petit coup de gosier, qu'on appelle *coup de glotte*.

Le professeur émettra les sept notes de la gamme d'*ut* et continuera en disant à l'élève : — A vous maintenant.

Quand j'aurai attaqué une note, attaquez-la à votre tour de la même façon.

Commençons par la note *ut* (voyez *Cahier d'exercices*, n° 1), dont l'émission est facile à toutes les voix, et rappelez-vous qu'il faut ouvrir la bouche *avant* d'émettre le son ; car en n'ouvrant la bouche qu'au moment même où vous attaquez une note, vous produirez un son nasal ou guttural.

Le professeur continuera de faire émettre ainsi à l'élève par degrés chromatiques toutes les notes dont l'émission est facile ; il aura soin de s'arrêter dès que l'élève éprouvera de la difficulté à émettre le son.

Principe.

Les notes basses ou élevées qui existent dans une voix, mais dont l'émission ne peut se faire dès le commencement avec une aisance et une sonorité

([1]) Il est bien entendu qu'avant de se servir de l'*Abécédaire vocal*, les enfants doivent connaître les éléments de la musique.

([2]) *En apprenant à émettre la voix et à vocaliser sur la voyelle A, au lieu de chanter sur* DO, RÉ, MI, *etc., ce sera [comme dans l'étude d'un instrument tel que le piano, le violon ou le violoncelle que les enfants apprennent le plus souvent sans savoir solfier] l'oreille qui conduira constamment les enfants, et non la vue des notes. Le larynx et la langue prendront dès le commencement la position la plus convenable pour chanter, sans que l'élève ait besoin de s'en préoccuper.*

parfaites, ne doivent point être l'objet d'un exercice spécial. Elles se développeront peu à peu toutes seules par l'étude de celles dont l'émission est facile.

Nos exercices sont écrits par degrés chromatiques depuis le *la* au-dessous de la portée jusqu'au *sol* au-dessus de la 5ᵉ ligne ; le professeur n'aura donc qu'à indiquer à chaque élève, dont il aura eu soin d'examiner la voix, la note par laquelle il doit (selon sa capacité) commencer et terminer ses exercices. Nous conseillons à cet effet de commencer toujours par l'émission de l'*ut* (sous la ligne) que toutes les voix peuvent attaquer facilement, et d'essayer plus tard des notes plus basses si le timbre de la voix de l'élève fait supposer que c'est un contralto.

Il importe de chanter tous les exercices à pleine voix, mais sans jamais la forcer.

DEUXIÈME LEÇON

Exercices d'agilité. — Exercice de trois notes.

Voyez cahier d'exercices, n° 2.

Vous avez appris à émettre des notes isolées ; nous allons passer à un nouvel exercice, à celui de *trois notes consécutives.*

Il faut ici, comme dans tous les exercices suivants, faire l'application de notre 1ʳᵉ leçon et attaquer la 1ʳᵉ note avec le petit coup de glotte, afin d'obtenir toujours une intonation pure. Le signe $>$ sur la première des trois notes signifie un coup de glotte. (Le professeur chantera d'abord ces exercices dans plusieurs tons.)

Nota. — Il arrive presque toujours aux commençants de baisser à la 3ᵉ note. En ce qui concerne le professeur, le meilleur moyen d'y remédier est de battre la mesure et de marquer plus distinctement le 3ᵉ temps.

Cet exercice (ainsi que les suivants) doit être exécuté dans un mouvement lent d'abord et progressivement plus vif.

Nota. — Chez les contralti, la diversité des registres se fera déjà sentir dans cet exercice, soit aux trois notes *ré, mi* et *fa'#*, soit aux *mi* ♭, *fa*, *sol*, suivant que le 1er registre s'étend jusqu'au sol ou au *fa* ♯ seulement. Nous avons déjà dit dans le § 2, que, chez les enfants, la transition d'un registre à l'autre, tout en étant sensible, ne l'est pas autant que chez les adultes; il faut donc, à partir de l'exercice des 3 notes, porter l'attention sur l'union des deux registres. Le meilleur moyen d'y arriver promptement est de laisser d'abord ignorer à l'élève que c'est là une difficulté, afin qu'il ne s'en préoccupe pas; puis il faut, en battant la mesure, aider par un mouvement marqué à ce passage de la dernière note du 1er registre à la 1re note du second registre.

Cette assistance quasi morale aura un excellent effet. L'élève, se sentant soutenu, franchira la difficulté sans y songer.

Je dois d'ailleurs rappeler que le larynx des enfants se prête à l'union des deux registres bien plus facilement que celui des adultes (chez les femmes surtout), la voix de ces dernières ayant une puissance et une vigueur qui communiquent une trop grande intensité aux sons extrêmes de chaque registre. Le passage de l'un à l'autre de ces registres ne peut avoir lieu sans qu'il en résulte un choc sensible.

Il devient alors naturellement plus difficile de donner de l'homogénéité à ces deux registres.

N'oublions pas d'ajouter que chez beaucoup de personnes, surtout chez les méridionaux, cette union s'opère parfois sans *aucune* difficulté.

TROISIÈME LEÇON

Exercice de cinq notes.

N° 3.

Mêmes règles que pour le n° 2. Dans cet exercice, la 5e note est généralement chantée trop bas. Il faut donc que le professeur, en battant la mesure, accentue bien le 3e temps.

QUATRIÈME LEÇON

La gamme.

N° 4.

Attaquez la 1re note avec le petit coup de glotte, et chantez toutes les notes avec une force égale, à pleine voix, dans un mouvement modéré.

Lorsque l'élève saura chanter par degrés chromatiques toutes les gammes, à partir de la note dont l'émission lui est facile jusqu'à celle qu'il peut émettre sans effort, il faudra lui faire exécuter chaque gamme trois fois : la première fois *fort*, la seconde fois *moins fort*, et la troisième fois *piano ;* d'abord *moderato* et progressivement plus vite, selon la flexibilité naturelle de la voix de chaque élève (voy. n° 5 du *Cahier d'exercices*) (¹).

Cet exercice contribuera puissamment au développement de la respiration.

CINQUIÈME LEÇON

Exercice de trois gammes.

N° 6.

Donnez à l'exécution de cet exercice de la rondeur, de l'égalité, et évitez toute précipitation. En chantant ainsi les trois gammes, vous ferez un grand pas vers ce qui s'appelle « la pose de la voix ». Poser une chose, c'est lui assigner une place fixe ; or, les exercices que nous avons faits jusqu'à présent ont pour ainsi dire fixé les notes que vous chantez. Votre larynx est devenu une espèce de clavier où chaque note a sa place déterminée. Vous ne chanterez donc jamais faux, pourvu que, *avant de chanter*, vous pensiez à la note que vous devez émettre.

(¹) Ce signe (') indique l'endroit où il faut prendre une nouvelle respiration. Règle générale : *Il faut donner la moitié de la valeur seulement à la note après laquelle on respire, afin d'avoir assez d'haleine pour donner la valeur entière à la note qui suit et qui devient la première note de la nouvelle série de notes à chanter d'une seule respiration.*

SIXIÈME LEÇON

La gamme mineure.

N° 7

Cette gamme, qui, comme vous savez, a un caractère mélancolique, exige une grande attention.

C'est la seconde augmentée entre la 6ᵉ et 7ᵉ note dans la gamme montante, et entre la 2ᵉ et la 3ᵉ note dans la gamme descendante, qui lui prête un charme particulier. Pénétrez-vous donc, *avant* de la chanter, de l'intonation de ces intervalles.

SEPTIÈME LEÇON

Exercice dépassant l'octave.

N° 8.

Cet exercice, fait avec une grande égalité, et dit la première fois *forte* et la deuxième fois *piano*, aidera beaucoup à assouplir la voix.

HUITIÈME LEÇON

Les arpéges.

Nᵒˢ 9 et 10.

L'exécution des arpéges en triolets et en doubles croches exige beaucoup d'attention sous le rapport de l'intonation. Le professeur, en battant la mesure, fera bien de marquer le 2ᵉ temps.

NEUVIÈME LEÇON

Le port de voix (portamento).

N° 11.

Lier deux notes ensemble dans un mouvement lent, s'appelle porter la voix. Port de voix (portamento).

Ce que vous avez appris jusqu'ici est la base du chant, chanter les gammes avec égalité, rondeur, justesse et avec les nuances du *fort*, du *moins fort* et du *piano*, est l'un des exercices les plus difficiles.

Le résultat de nos études jusqu'à ce jour est donc d'avoir en partie posé la voix, assoupli le larynx, habitué l'oreille aux intonations difficiles, et aussi d'avoir considérablement fortifié la respiration.

Qui sait faire plus, sait faire moins.

Vous savez déjà chanter dans des mouvements vifs; il vous sera donc facile de chanter dans un mouvement lent, par cela même que vous avez appris à dominer votre respiration et votre voix.

En faisant le *portamento* par quintes (¹), je vous engage à lier la tonique à la quinte sans brusquerie ni miaulement, mais naturellement et avec grâce.

Le professeur chantera une série de quintes par degrés chromatiques, afin de bien faire comprendre aux élèves la manière de porter la voix d'abord en *fort* et ensuite *piano*.

Les mêmes règles doivent être observées relativement aux exercices de l'octave (n° 12) et de l'accord brisé (n° 13).

DIXIÈME LEÇON

Filer des sons.

N° 14.

On file un son en le soutenant le temps nécessaire pour le faire croître et diminuer par degrés.

(¹) J'ai choisi la quinte parce qu'elle est l'intervalle le plus sympathique à l'oreille. et par cette raison le plus facile à être chanté juste.

Cet exercice est le plus difficile; il exige une oreille très exercée, afin de conserver l'intonation pendant le filé, et une respiration assez longue. Je le place donc en dernier, parce que les études antérieures auront mis les élèves en état de filer des sons avec aisance et justesse. Il est important que l'élève cesse de soutenir le son, dès qu'il sentira sa respiration faiblir, et qu'il se garde de faire aucun effort pour prolonger le *filé*.

IV

DES VOCALISES.

Ce petit ouvrage se termine par **24** vocalises progressives, qui, étant le résumé des exercices, serviront à faire l'application des études préliminaires sur de petits morceaux mélodiques.

Les professeurs feront bien de faire chanter les premières vocalises aussitôt que l'élève saura parfaitement exécuter l'exercice des cinq notes, et de continuer en procédant de la même façon relativement aux exercices et aux vocalises suivantes; après quoi ils pourront alterner avec les solféges et des morceaux avec paroles.

V

DES NUANCES.

Les nuances les plus ordinaires sont le *piano*, le *forte*, le *crescendo* et le *decrescendo*; ayant appris par des exercices antérieurs à moduler la voix, l'élève observera facilement ces nuances dans l'exécution des vocalises.

L'observation stricte de la mesure sera le meilleur moyen d'empêcher les élèves de ralentir ou d'accélérer certaines phrases, et de tomber ainsi dans l'exagération, qui conduit au faux sentiment et à la fausse expression en musique.

ÉMISSION DU SON
sur la voyelle a.

Pr. = Professeur.
El. = Élève.
>— = Coup de glotte.

N.º 1. Moderato.

Pr. El. Pr. El.
a a a a
Pr. El. Pr. El. Pr. El.
a a a a a a
Pr. El. Pr. El. Pr. El.
a a a a a a
Pr. El. Pr. El. Pr. El.
a a a a a a

EXERCICES D'AGILITÉ.

UT.
RÉ♭.
RÉ.

G
MI b.
MI.
FA.

SOL ♭.
SOL.
LA ♭.

LA.
SI b.
SI.
UT.
RÉ b.

A CHANTER

la gamme FORT, moins FORT et PIANO.

LES TROIS GAMMES.

N.º 6.

LES GAMMES MINEURES.

N.º 7.   Moderato.

UT #.
a
RE.
a
MI b.
a
MI.
a
FA.
a

EXERCICES DÉPASSANT L'OCTAVE.

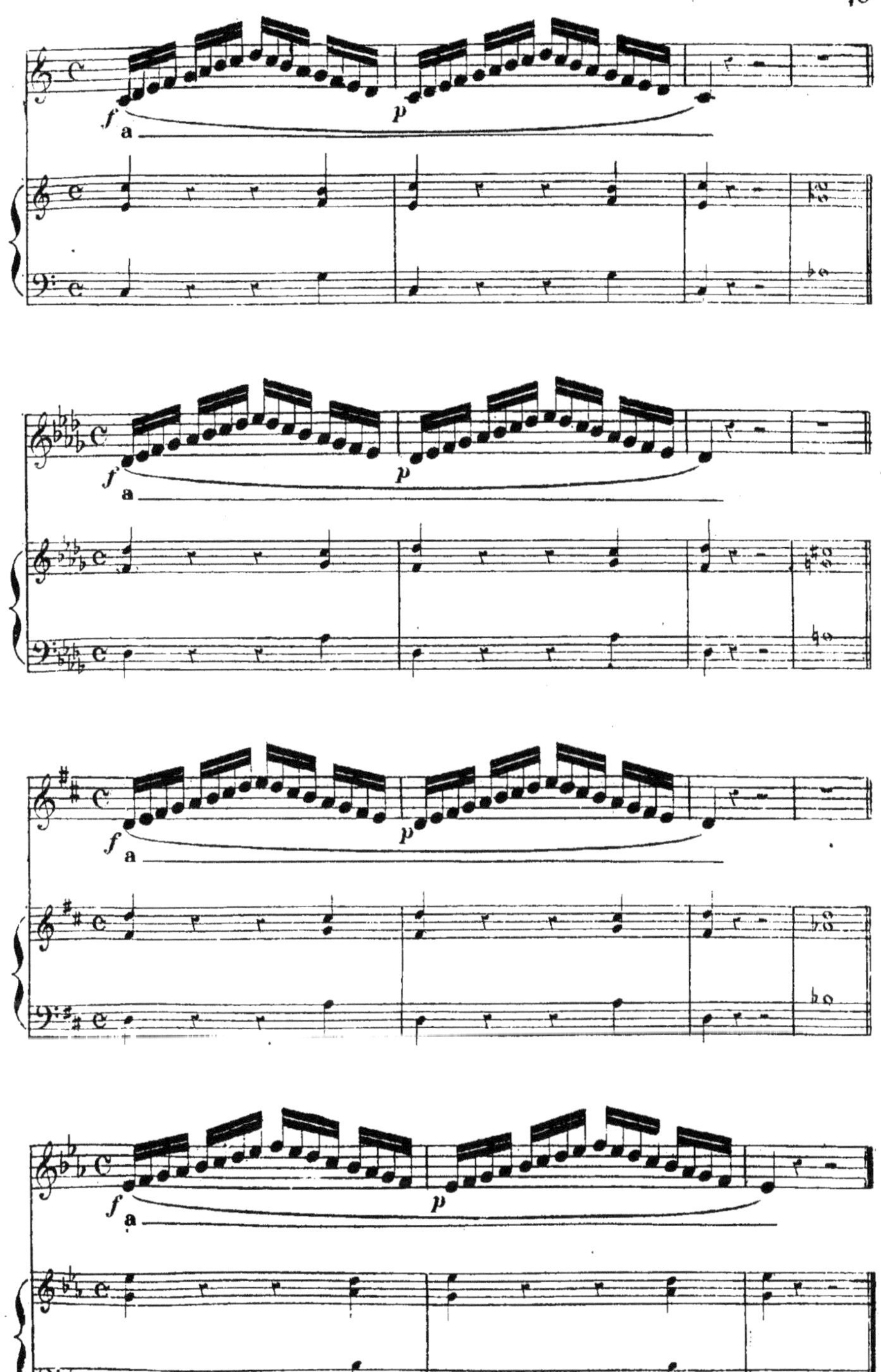
f a
p
f a
p
f a
p
f a
p

LES ARPÉGES.

Nº 9

Moderato.

CHANT.

PIANO.

Il faut étudier Nº 10.
avec le même accompagnement que
Nº 9.

PORT DE VOIX (PORTAMENTO)
en quintes.

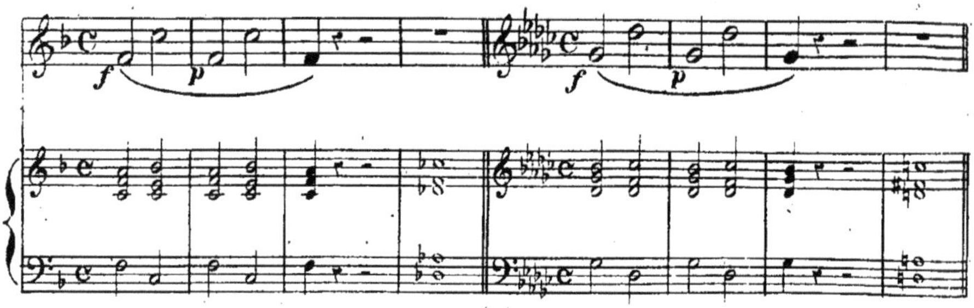

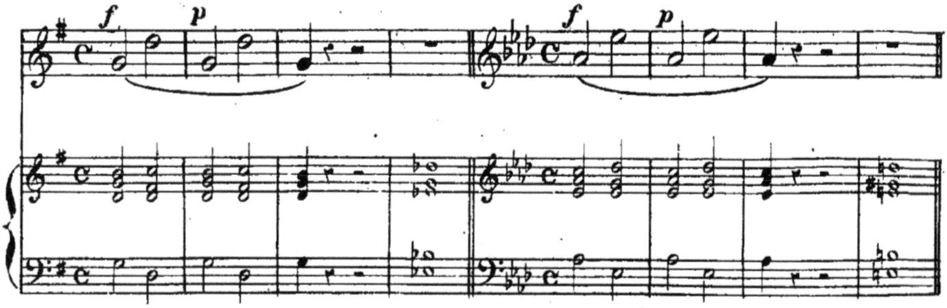

PORT DE VOIX

en octaves.

PORT DE VOIX
en accords brisés.

N. 13. **Moderato.**

FILER DES SONS.

VOCALISES.

♪ = Respirez.
N.º 1. Andante.
CHANT.
PIANO.
a a a a a a
N.º 2. Andante.
CHANT.
PIANO.
a a a a
a a a a
a a a a

N.º 3. Allegretto.

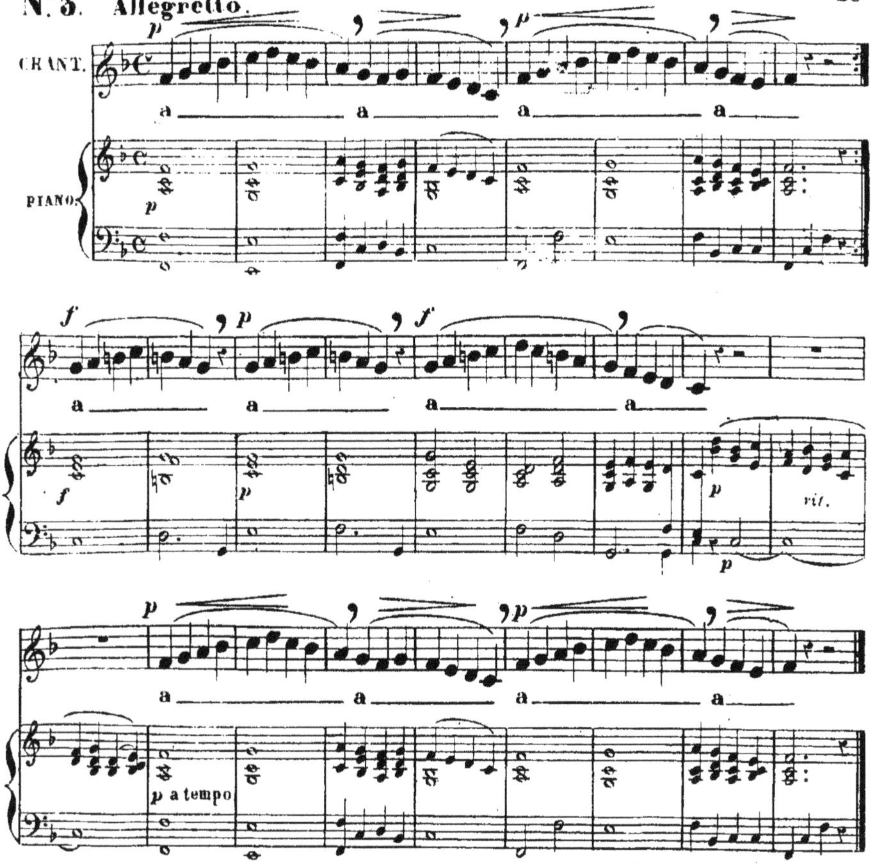
CHANT.
PIANO.
p
f
a
rit.
p a tempo

N.º 4. Andante.

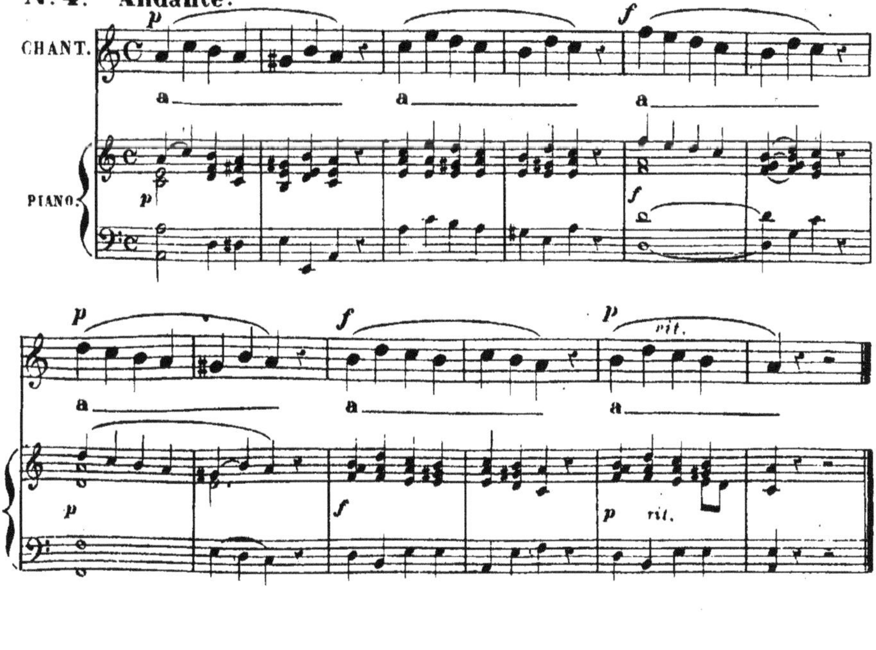
CHANT.
PIANO.
p
f
a
rit.

N.º 5. Allegretto.
CHANT.
PIANO.
rit. a tempo.

GAMMES MAJEURES

N.º 7. Allegretto.

N.º 8. **Moderato.**

CHANT.

PIANO.

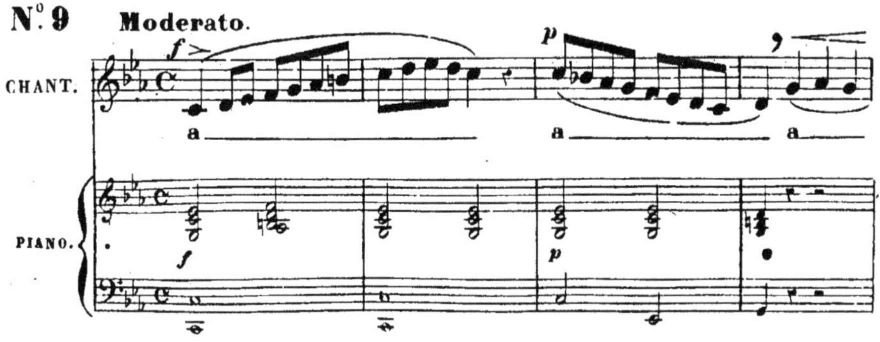

GAMMES MINEURES.

N.º 9 **Moderato.**

CHANT.

PIANO.

N.º 10. Andante.
CHANT.
PIANO.

DÉPASSANT L'OCTAVE.

N.º 11. **Moderato.**

ARPÉGES.

N.º 12. **Allegretto.**

PORT DE VOIX
en quintes.

N.º 14. Adagio.
CHANT.
PIANO.

34
Nº 15. Allegretto.
CHANT.
PIANO.
dolce.
rit.
a tempo.

N.º16. Moderato.
CHANT.
PIANO.

36
N.º 17. Moderato.
CHANT.
PIANO.
a tempo.
rit.
a tempo.
rit.

N° 18. Andantino.
CHANT.
PIANO.
dolce.
f
dolce.
pp
p
f
rit.
a tempo.
f
rit.
a tempo.
f
dolce.
f

N.º 19. **Allegretto.**

SONS FILÉS.
39
N.º 20. Adagio.
CHANT.
PIANO.

Nº 21. Adagio.
CHANT.
PIANO.

N.º 22. Adagio.
CHANT.
PIANO.
dolce.
f
p

N.º 23. Andante.
CHANT.
PIANO.
rit.   a tempo.

Nº 24. **Adagio.**